Début d'une série de documents
en couleur

COUVERTURES SUPERIEURE ET INFERIEURE D'IMPRIMEUR

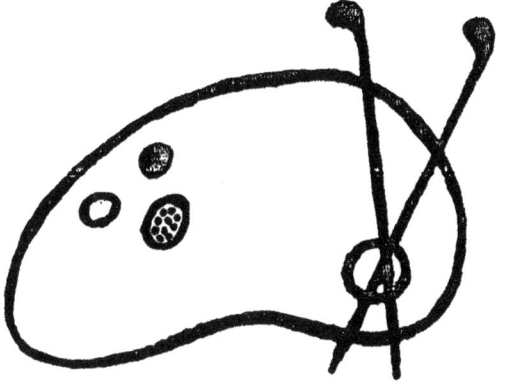

Fin d'une série de documents en couleur

LES
PETITS FRÈRES
PROVENÇAUX

SÉRIE PETIT IN-12

PROPRIÉTÉ DES ÉDITEURS

La foire aux étrennes.

LES
PETITS FRÈRES
PROVENÇAUX

PAR

JUST GIRARD

TREIZIÈME ÉDITION

TOURS

ALFRED MAME ET FILS, ÉDITEURS

1894

LES
PETITS FRÈRES
PROVENÇAUX

I

LA FOIRE AUX ÉTRENNES

Chaque année, dans les derniers jours de décembre, certains quartiers de Paris prennent un aspect extraordinaire et tout à fait en dehors de leur physionomie habituelle. Des milliers de petites boutiques de quelques mètres carrés surgissent tout à coup tout le long des boulevards, sur la place de la Bourse, autour des Halles, dans la nouvelle rue de Rivoli, dont chaque maison ressemble à un palais; sur le boulevard de Sébastopol, dont les constructions non moins magnifiques s'élèvent comme par enchantement; dans les rues plus modestes de Rambuteau, Saint-Antoine, de Seine, des Écoles, sur les quais, partout enfin où la voie publique est assez large pour que la circulation ne risque pas d'être compromise par cette affluence de magasins en miniature et d'étalages improvisés qui constituent ce qu'on appelle la *Foire aux Étrennes*.

Cette foire, dont l'existence ne remonte qu'à quelques années, est promptement devenue populaire. On se ferait difficilement une idée, si l'on n'en avait été témoin, de l'animation qui règne, dès la tombée de la nuit, le long de ces boutiques, dont plusieurs ne laissent pas d'être décorées avec un certain luxe, véritables bazars où tout se trouve, depuis le jouet à un sou la pièce jusqu'aux élégants produits de la tabletterie et de l'ébénisterie, et où se manifestent sous mille formes différentes l'adresse et le goût de l'ouvrier parisien.

Il ne faut pas s'imaginer que ceux qui tiennent ces boutiques soient tous des marchands exerçant habituellement cette profession. La plupart sont des ouvriers ou de petits industriels, qui trouvent dans ce commerce passager à utiliser une partie de la morte-saison. Les boutiques qu'ils occupent ne leur appartiennent pas; elles sont fabriquées, moyennant un prix convenu, par des entrepreneurs qui, une fois le moment des étrennes passé, reprennent les matériaux qui ont servi à les construire.

On conçoit que la diversité des goûts et des industries qui concourent à former l'ensemble de cette foire lui donne l'aspect le plus varié. Ainsi, à côté d'un brillant étalage d'argenterie Ruolz s'ouvre une boutique de chaussons de lisières et de socques articulés, tandis que de l'autre côté une petite marchande de lingerie offre aux dames des bonnets élégants, des broderies et toutes sortes de colifichets féminins à moitié prix de ce qu'on les paye dans les grands magasins. Ici un marchand de porcelaine vend un assortiment de bols, de tasses, de soucoupes, d'assiettes, etc., à deux sous la pièce. Plus loin, un opticien présente aux amateurs des stéréoscopes, avec de magnifiques points de vue, à cinquante pour cent au-dessous du prix ordinaire. Puis viennent des marchands de gravures encadrées, de jolis livres reliés pour étrennes, des ébénistes avec d'élégantes étagères, des coffrets de toutes les formes, des nécessaires de tous les prix. Mais ce qui domine par-dessus tout, ce sont les marchants de jouets d'enfants, ceux de bonbonnerie et de sucreries, puis les marchands d'oranges, distingués au loin par leurs lanternes rouges.

Parmi ces derniers, on remarquait, au mois de décembre 1854, sur le boulevard Saint-Martin, entre le théâtre de l'Ambigu et le Château-d'Eau, une simple table garnie de belles oranges d'Espagne, derrière laquelle se tenaient deux petits garçons de douze à quatorze ans. Ce n'était pas sans doute l'élégance de cet étalage qui pouvait attirer l'attention des passants; rien, en effet, de plus modeste que cette petite table de bois blanc, sur laquelle étaient rangés symétriquement plusieurs tas de ces beaux fruits, recouverts en partie d'une légère enveloppe de papier de soie. Ce n'étaient pas non plus les deux bâtons plantés perpendiculairement de chaque côté de la table, et supportant à leur extrémité supérieure une ficelle transversale de laquelle pendaient deux lanternes vénitiennes en papier rouge; mais c'était d'abord un large écriteau placé entre les deux lanternes, et sur lequel on lisait ces mots en gros caractères : AUX PETITS FRÈRES PROVENÇAUX. On souriait en lisant cette enseigne, qui rappelait celle d'un des plus célèbres restaurateurs du Palais-Royal; puis on s'arrêtait à regarder les deux frères, dont la physionomie vive et spirituelle provoquait les acheteurs mieux que ne le faisaient les cris assourdissants de leurs voisins.

Aussi, au grand dépit de ces derniers, la marchandise des deux frères s'enlevait rapidement, et tandis que l'aîné livrait les oranges étalées sur la table, le cadet avait à peine le temps de les remplacer par celles qu'il tirait des caisses placées à côté d'eux, et qui leur servaient de magasin.

De temps en temps, si les amateurs cessaient d'entourer leur étalage, pour rappeler leur attention ils ne faisaient pas entendre ce crix peu harmonieux usité par les petits débitants d'oranges, et dont vous avez eu les oreilles étourdies pour peu que vous ayez parcouru les rues de Paris dans cette saison : « A quatre sous et cinq sous la valence[1] ! » mais les deux frères, d'une voix pure, harmonieuse et vibrante, chantaient en duo le

---

[1] Une grande partie des oranges qui se vendent à Paris viennent de la province de Valence en Espagne.

couplet suivant, de la composition de l'aîné :

> Aux deux enfants de la Provence,
> Où le soleil brille si doux,
> Messieurs, achetez la valence!
> La valence à quatre et cinq sous!
> A quatre et cinq sous la valence!
> La valence à quatre et cinq sous!

Cette poésie n'était certes pas aussi brillante que le soleil provençal, et ne rappelait guère la patrie des troubadours, mais la mélodie de ces voix jeunes et fraîches, la justesse de leurs accords, et jusqu'à leur accent légèrement méridional, causaient une douce surprise et formaient un assez agréable contraste au milieu de tant de voix rauques et criardes. La foule s'arrêtait de nouveau, et la vente recommençait de plus belle.

On se demandait quels étaient ces deux enfants aux vêtements simples et propres qui cependant n'annonçaient point l'aisance, dont le ton était modeste sans fausse honte, les manières engageantes sans bassesse, la figure spirituelle et rieuse sans effronterie. On s'intéressait à eux pendant quelques minutes, puis on poursuivait son chemin, et d'autres objets les faisaient oublier. Hélas! c'est ainsi que les choses se passent ordinairement dans la vie.

Cependant ces enfants eussent été bien dignes d'un intérêt plus soutenu, et ils n'auraient pas manqué de l'exciter s'ils eussent été connus davantage. Mes jeunes lecteurs en pourront juger en lisant l'histoire qui va suivre.

II

L'OUVRIER CHARPENTIER

Marcel Perrin était un ouvrier charpentier fort habile dans son état. Il avait quitté de bonne heure Chartres en Beauce, son pays natal, et il était venu se fixer à Paris auprès d'un oncle naturel, riche entrepreneur, qui lui procura de bons travaux pendant quelques années. Mais son oncle ayant fait de mauvaises affaires, Marcel quitta Paris et se mit à voyager. Pendant deux à trois ans il parcourut les principales villes de France, et finit par se fixer à Arles, où il se maria avec une blanchisseuse de cette ville.

Deux garçons naquirent de cette union; l'aîné fut nommé Marcel, comme son père, et le second reçut le nom de Justin, parce que la mère s'appelait Justine.

L'harmonie la plus parfaite régnait dans le ménage de l'ouvrier, et la naissance des deux enfants n'avait fait que resserrer l'union des parents. Grâce au travail du père et de la mère, la petite famille jouit pendant un certain temps d'un bien-être qui, sans être de l'aisance, suffisait à satisfaire des goûts simples et peu ambitieux. Mais les travaux de charpente vinrent à cesser à Arles ; Perrin fut obligé d'aller chercher de l'ouvrage à Aix, à Nîmes et à Marseille. Il était sur le point de se fixer dans cette dernière ville et d'y appeler sa femme et ses enfants, quand il reçut une lettre de son oncle qui lui annonçait que ses affaires avaient pris une face nouvelle et qu'il était à la tête de magnifiques entreprises, et qui finissait par l'engager à venir le rejoindre, en lui promettant la direction de travaux importants dans sa partie.

Perrin accueillit ses offres avec empressement, et n'eut pas de peine à décider sa femme en lui faisant entendre que l'ouvrage ne leur manquerait jamais à Paris, qu'on y gagnait deux ou trois fois autant qu'à Arles, et qu'enfin ils pourraient donner à leurs enfants une éducation et une instruction que ceux-ci ne sauraient trouver dans une ville de province.

Ils vendirent leur petit mobilier, réalisèrent

le plus d'argent qu'il leur fut possible, montèrent sur un bateau à vapeur qui les transporta à Lyon, et de là s'acheminèrent vers Paris en prenant les moyens de transport les plus économiques, car le chemin de fer n'existait pas encore.

Ils arrivèrent à Paris au mois d'avril 1846. Les promesses de l'oncle se réalisèrent. Pendant deux ans Perrin gagna beaucoup d'argent, et put faire des économies, qu'il plaça à la caisse d'épargne; car c'était un homme rangé, bon travailleur, ayant en horreur les folles dépenses et la débauche, qui entraînent malheureusement la ruine de tant d'ouvriers.

Après cela nous n'étonnerons pas nos lecteurs en disant qu'il était bon père, bon époux, et surtout bon chrétien. Un de ses premiers soins en arrivant à Paris avait été de placer ses enfants à l'école des Frères, et de recommander à sa femme de veiller avec soin sur eux, de prendre garde surtout qu'ils ne fissent de mauvaises connaissances parmi les enfants du quartier.

Tout alla bien jusqu'en 1848. Mais la révolution de février vint de nouveau ruiner les entreprises de l'oncle de Perrin; le pauvre homme en mourut de chagrin. Quant à Perrin, quoique cet événement lui fît éprouver de grandes pertes, il ne s'abandonna pas au désespoir; il n'eut garde non plus de se laisser aller aux extravagances auxquelles une foule de gens, les uns par passion, les autres par calcul, d'autres par ignorance, entraînaient à cette époque la classe ouvrière.

Grâce à la sagesse et à la régularité de sa conduite, il traversa sans trop en souffrir cette crise, qui fut si fatale à tant d'autres.

Au commencement de 1849 il retrouva un peu d'ouvrage; sa femme, de son côté, avait repris son métier de blanchisseuse de fin : mais elle avait eu bien de la peine à se faire quelques pratiques, n'étant pas au courant des usages de Paris, si différents de ceux de son pays.

Enfin ils commençaient à entrevoir un meilleur avenir quand une catastrophe inattendue vint plonger le deuil dans cette malheureuse famille. Perrin fut atteint du choléra et mourut presque subitement.

Jugez dans quel état se trouva la malheureuse veuve, avec deux enfants dont l'aîné avait à peine neuf ans et le second sept ans.

Je n'essayerai pas de dépeindre la douleur de la mère et des enfants. Ceux-ci, même le plus jeune, Justin, comprenaient déjà l'étendue de la perte qu'ils avaient faite ; cependant, après avoir pleuré longtemps avec leur mère, ils tentèrent de jeter dans son cœur quelques consolations. Comme dans sa douleur elle ne cessait de répéter :

« Pauvres enfants, qu'allez-vous devenir?

— Ne te tourmente pas ainsi, bonne mère, lui dit Marcel en s'efforçant de retenir ses larmes : est-ce que je ne suis pas déjà assez grand pour gagner ma vie? Il y a des enfants de nos âges qui travaillent dans les manufactures, et, si tu voulais, tu pourrais bien m'y faire entrer.

— Et moi, reprit Justin, dans un an je serai aussi grand que Marcel ; je saurai bien lire, le frère me l'a dit, et bien sûr que je trouverai aussi à gagner ma vie. »

La pauvre mère ne répondit rien. Elle embrassa tendrement ses enfants, et elle éprouva dans son cœur un soulagement inconnu en voyant la bonne volonté de ces êtres si faibles, mais dont le cœur était déjà si fort.

De ce moment elle reprit un peu de courage. Des personnes charitables lui vinrent en aide ; car à Paris, si la misère est grande, la charité ne l'est pas moins, et il est peut-être peu de villes où l'on trouve plus de soulagement dans l'infortune, plus de consolations dans les peines.

On s'empressa surtout de lui procurer du travail de son état, et bientôt l'ouvrage abonda tellement, que la veuve fut obligée de prendre des ouvrières pour l'aider, et que l'aisance revint peu à peu dans son petit ménage.

Il ne fut pas question d'envoyer les enfants dans une manufacture; ils continuèrent d'aller à l'école, où ils firent de rapides progrès. Ils furent remarqués par M. le curé de la paroisse, qui assistait à la distribution des prix, et qui, ayant couronné plusieurs fois les deux frères, se fit rendre compte de leur conduite, de leur piété, et s'intéressa dès lors à eux d'une manière toute particulière.

A l'âge de douze ans, quand Marcel eut fait sa première communion, on songea à lui donner un état. Comme il était d'un tempérament faible, on ne pouvait songer à lui faire apprendre le métier de son père, malgré les sollicitations d'un des anciens patrons de celui-ci, qui s'offrait de lui faire faire son apprentissage gratuitement. Enfin, comme il avait une fort belle écriture, qu'il connaissait bien l'orthographe et l'arithmétique, sa mère se décida à le faire entrer comme petit clerc chez un huissier dont la femme était une de ses meilleures pratiques, et qui avait remarqué la gentillesse et l'intelligence de cet enfant.

Marcel y resta près d'un an, ayant à souffrir, comme saute-ruisseau, toutes sortes d'avanies de la part des autres clercs. Il ne se plaignait pas, car il eût craint de faire de la peine à sa mère, et il était si heureux de lui rapporter les douze à quinze francs au plus qu'il gagnait par mois! Mais sa santé dépérissait; il finit par tomber malade, et force lui fut d'avouer à sa mère toutes les souffrances qu'il avait endurées pendant son année d'apprenti praticien.

III

PORTRAIT DES DEUX FRÈRES

Pendant près de deux mois le pauvre enfant fut obligé de garder le lit. Dès qu'il fut en convalescence, il s'inquiétait de ce qu'il ferait quand il serait rétabli ; car sa mère avait déclaré formellement qu'il ne retournerait pas chez son huissier, et lui-même ne s'en souciait guère. Mais ce qui le tourmentait, c'était de penser qu'il allait être à charge à sa mère, qui déjà s'était tant fatiguée à le veiller et à le soigner pendant sa maladie ; puis il remarquait que cette pauvre mère ne pourrait bientôt plus suffire à la tâche pénible qu'elle s'était imposée. Sa santé s'épuisait à manier du matin au soir, et souvent une partie de la nuit, ses fers à repasser, et à respirer la vapeur délétère du charbon.

« Ah ! disait-il souvent à son jeune frère,

son seul ami et le seul confident de ses peines, quand donc pourrons-nous gagner quelque chose pour que notre bonne mère puisse enfin se reposer?

— J'y pense souvent aussi, répondait Justin, mais je ne sais qu'imaginer; toi qui es plus savant et qui as plus d'expérience que moi, tâche de trouver quelque chose, et je te promets de te seconder de mon mieux. Je suis fort maintenant, plus fort que toi-même depuis ta méchante maladie, et je ne demande pas mieux que de travailler. »

En effet, Justin, qui avait alors près de douze ans, était un enfant robuste pour son âge, aux membres potelés, à la figure jouflue et rosée, annonçant la force et la santé, tandis que Marcel, âgé de vingt mois de plus seulement, était beaucoup plus grand, mais maigre, presque décharné, et semblait avoir à peine la force de se soutenir. Cependant ses yeux noirs brillaient d'énergie et d'intelligence; sa figure pâle et d'un brun mat, qui trahissait plus que celle de son frère son origine méridionale, et qui reflétait toutes les impressions de son âme, annonçait une force de volonté bien supérieure à ses forces physiques.

Justin, d'un caractère plus calme, plus

doux, se laissait facilement subjuguer par cette puissance toute morale de son frère. Il avait pour lui une sorte de déférence et de respect qui s'alliait à la tendresse la plus vive; il n'aurait pas fait la moindre chose sans avoir l'assentiment de son frère, et il lui répétait souvent : « Pense, moi j'agirai. »

Marcel était loin d'abuser de cet ascendant sur son jeune frère; il ne s'en servait que pour le porter et l'encourager au bien; et même il exigeait qu'il prît l'initiative en maintes circonstances, afin de l'accoutumer à se former le jugement, et à ne pas s'en rapporter toujours à l'avis des autres. Enfin ces deux natures semblaient se compléter l'une par l'autre, et il eût été difficile de trouver une union plus parfaite que celle qui existait entre les deux frères.

Enfin l'occasion qu'ils cherchaient depuis si longtemps leur arriva tout à coup, et du côté où ils l'attendaient le moins.

IV

M. VOINELLE

DE LA MAISON VOINELLE, BROCHARD ET Cie

Mme Perrin habitait, avec ses enfants, au quatrième d'une maison située rue du Temple, sur la paroisse de Sainte-Élisabeth. Depuis quatre ans qu'elle occupait le même logement, elle ne connaissait aucun des nombreux locataires de la maison, si ce n'est ses voisins du même carré, et encore n'avait-elle avec eux que des relations de bon voisinage, mais sans liaison intime. Aussi ne fut-elle pas peu étonnée quand, dans les premiers jours de septembre 1854, la concierge vint lui dire que le marchand en gros de fruits secs du Midi, qui avait ses magasins au rez-de-chaussée, désirait lui parler. Il la priait de l'excuser, s'il n'était pas monté lui-même chez elle ; mais il était cloué sur son fauteuil par la goutte et ne pouvait faire un pas.

M. Voinelle.

« Et savez-vous ce qu'il me veut? demanda-t-elle à la concierge.

— Je crois, Madame, répondit celle-ci, que c'est pour donner un emploi à un de vos fils.

— Vous croyez? mais il ne nous connaît pas.

— Oh! que si, Madame, qu'il vous connaît; et bien souvent il a remarqué vos fils et m'a dit : « Que sont donc ces enfants-là? « ils me paraissent bien gentils. » Et moi, vous pensez bien que je n'en ai pas dit de mal; ce n'est pas parce que ce sont vos enfants que je le dis, mais, vrai, ce sont de charmants petits garçons, et il serait bien heureux que vous pussiez en placer un chez M. Voinelle, qui est un homme bien riche et bien généreux, et qui gagne de l'argent plus gros que lui : ce qui n'est pas peu dire, car il est gros comme un tonneau. »

Pendant le bavardage de la concierge, que Mᵐᵉ Perrin écoutait à peine, celle-ci avait jeté un châle sur ses épaules, rajusté son bonnet, et en un instant elle était descendue chez M. Voinelle.

Après les premiers compliments, celui-ci dit qu'effectivement il aurait besoin d'un jeune homme, mais que ce n'était que provisoirement, pour un mois ou deux au plus, jusqu'à l'arrivée de son associé et de son principal commis, qui étaient en ce moment, l'un à Marseille, l'autre en Espagne.

Ce n'était pas tout à fait ce qu'avait espéré Mme Perrin; mais, faute de mieux, il fallait bien s'en contenter. D'ailleurs, pendant ce temps-là on pourrait chercher à le placer d'une manière définitive.

M. Voinelle pria Mme Perrin de lui envoyer son fils, afin qu'il pût juger de sa capacité, et fixer d'après cela le chiffre de ses appointements.

Marcel, en apprenant cette nouvelle, en fut enchanté; c'était toujours deux mois pendant lesquels il ne serait pas à charge à sa mère; et qui sait si cela ne l'acheminerait pas à autre chose? Il commença par remercier Dieu de tout son cœur de cette faveur inattendue, et courut ensuite chez M. Voinelle.

Là un cruel désappointement l'attendait d'abord, et il vit un instant toutes ses espérances déçues. Le gros négociant, en voyant entrer cet être frêle et délicat, qui n'était plus un enfant, mais qui n'était pas encore un jeune homme, parut désagréablement surpris. Le fait est que, quoi qu'en eût dit la concierge, il n'avait jamais remarqué les fils de la *Provençale,* comme on appelait dans la maison Mme Perrin à cause de son accent méridional très prononcé ; il en avait entendu dire beaucoup de bien ainsi que de leur mère, et c'est d'après cela qu'il avait songé à employer provisoirement l'un d'eux.

Mais en voyant la figure pâle de Marcel, en remarquant cette taille élancée et ce corps débile, il se repentit de la proposition qu'il avait faite à sa mère et résolut aussitôt de n'y pas donner suite. Abordant donc sur-le-champ et franchement la question, il lui dit, tout en adoucissant son refus sous des formes polies :

« Je suis fâché, mon jeune ami, de vous avoir dérangé inutilement ; mais je vois que nous ne pouvons nous convenir.

— Comment ! Monsieur, s'écria Marcel consterné, vous aurait-on dit quelque chose contre moi qui aurait pu vous faire changer si promptement d'avis ?

— Je n'ai vu personne depuis madame votre mère, et je n'ai jamais entendu dire que du bien de vous ; mais, mon ami, vous voyez l'état où je suis ; la maudite goutte me retient dans ma chambre, et j'aurais voulu un jeune homme qui, tout en sachant passablement écrire et calculer, fût en état de me remplacer pour faire des courses parfois longues et pénibles : par exemple, d'aller à la gare du chemin de fer recevoir les marchandises qui me sont adressées, reconnaître les colis, veiller à leur chargement, faire les déclarations à l'octroi, etc. Tout cela, mon ami, exige une santé robuste, et votre état maladif ne vous permettrait pas de vous livrer à cette fatigue sans danger pour votre santé. Il ne faut pas que deux infirmes s'associent ensemble; ils ne feraient qu'aggraver leur position.

— Mais, Monsieur, reprit Marcel, je ne suis pas infirme; j'ai fait une maladie il y a quelque temps, et je suis parfaitement guéri; chaque jour mes forces reviennent, et je suis convaincu que si vous vouliez m'employer, le plaisir que cela me causerait contribuerait à les faire revenir plus vite. Est-ce tous les jours qu'il faut aller faire ces courses à la gare dont vous parlez?

— Non, pas à présent; mais dans une quinzaine de jours il m'arrivera une première expédition, puis une autre quelques jours après, puis ensuite plus souvent, puis presque tous les jours jusqu'au mois de décembre.

— Eh bien, Monsieur, si d'ici à quinze jours vous n'avez pas besoin d'envoyer à la gare, veuillez toujours m'employer à vos écritures, et vous verrez si, comme je vous le disais tout à l'heure, je ne reprends pas rapidement mes forces.

— Allons, vous avez de la bonne volonté, et je consens à la mettre à l'épreuve; mais voyons d'abord votre écriture et votre force en arithmétique. »

Il lui dicta aussitôt quelques phrases, puis lui posa différents problèmes de calcul. Il fut enchanté de cette épreuve, et lui dit : « Votre écriture est bonne, vous connaissez bien l'orthographe, et vos opérations d'arithmétique sont justes; je vois avec plaisir que je pourrai vous employer à ma correspondance, pendant que ma maudite goutte m'empêche de tenir une plume. Justement cette correspondance est en retard, et j'ai de quoi vous occuper pendant une semaine ou deux. Je vous donnerai un franc par jour la première semaine, et un franc vingt-cinq centimes la seconde, si je suis content; cela vous va-t-il?

— Parfaitement, Monsieur, et quand faudra-t-il commencer?

— A l'instant même, car j'ai sept ou huit lettres à écrire que je désire faire partir par le courrier de ce soir, et qu'il faudra copier sur le registre que voilà; ainsi vous n'avez pas trop de temps. »

Marcel se mit aussitôt à la besogne, et les lettres furent écrites et copiées longtemps avant l'heure prescrite.

Le soir, Marcel raconta en riant à sa mère les difficultés qu'il avait éprouvées pour conclure un arrangement provisoire, bien plus restreint que celui dont il était d'abord question.

« Et tu en ris? répondit-elle; nous qui avions compté sur deux mois au moins, voilà qu'il n'est plus question que de quinze jours; je ne vois pas en quoi tu trouves cela amusant.

— Bah! il ne faut pas vous en tourmenter, ma bonne mère, le plus difficile était d'y entrer; maintenant que j'y suis, qui sait? peut-être n'en sortirai-je pas au bout de la quinzaine, peut-être pas même au bout des deux mois.

— Dieu le veuille, mon enfant! mais je crains bien que tu te fasses illusion. »

Le lendemain et les jours suivants, M. Voinelle se montra de plus en plus content de Marcel. « Quel dommage, lui dit-il un jour, que vous ne puissiez faire mon affaire qu'à demi! Je suis très satisfait de vous pour le bureau; mais j'aurais souvent besoin de vous pour des commissions qui n'auraient rien de trop fatigant pour un garçon de votre âge et dont la santé serait meilleure. Je n'ose vous les confier, et je suis obligé d'en charger le garçon de magasin, qui perd ainsi son temps à une besogne autre que la sienne.

— Monsieur, répondit Marcel, je crois que je serai assez fort pour faire les commissions dont vous me parlez; mais puisque vous craignez de me fatiguer et que je puis vous être utile d'une autre manière, je n'insisterai pas; seulement j'ai un frère qui, quoique plus jeune que moi, est plus fort et plus robuste, et dont la santé est florissante. Il pourrait facilement faire la besogne dont vous ne voulez pas me charger, et de cette manière, si à moi seul je ne fais votre affaire qu'à demi, à nous deux nous la ferons complètement. Je me hâte d'ajouter que cette augmentation de personnel n'ajoutera rien à votre dépense; car je partagerai avec mon frère le salaire que vous me donnez, trop heureux si, avec son concours, je puis conserver quelque temps de plus l'emploi que vous m'avez accordé. »

Le négociant aimait déjà Marcel. Il fut charmé de la manière délicate et désintéressée dont il lui faisait cette proposition. Sans cependant vouloir prendre d'engagement, il lui dit de lui présenter son frère le lendemain, et qu'il réfléchirait.

V

MARCEL PLACE SON FRÈRE

« Eh bien, bonne mère, s'écria Marcel en rentrant à la maison, direz-vous que je me fais encore des illusions? Voilà que je viens de placer aussi Justin avec moi.

— C'est-il vrai? s'écria Justin, qui, sans en attendre davantage, s'élança au cou de son frère; c'est-il vrai, mon bon, mon cher Marcel? Et quelle place m'as-tu procurée?

— Tu n'entreras d'abord que comme surnuméraire...

— Surnuméraire? *Quès-à-quo?* » dit-il en riant dans son patois provençal, qu'ils parlaient habituellement entre eux et avec leur mère.

Marcel raconta alors la conversation qu'il avait eue avec son patron.

« Et tu trouves cela merveilleux? dit la mère après l'avoir écouté jusqu'au bout; il ne gagnera rien, et tu ne sais pas même encore si le patron l'acceptera. C'était bien la peine d'en faire une si grande fête à ce pauvre Justin !

— Allons, bonne mère, répondit Marcel en l'embrassant, voyons, ne soyez pas toujours la mère *Rabat-Joie*. Moi je vous dis que tout ira bien : la preuve, c'est que ce soir, en allant porter les lettres du patron à la poste, je suis entré à l'église Sainte-Élisabeth ; comme vous j'avais des craintes, et je me disais : Si demain M. Voinelle n'allait pas accepter mon frère ? Eh bien ! je me suis mis à prier la sainte Vierge de tout mon cœur, et quand je suis sorti de l'église tous mes doutes avaient disparu, et voilà pourquoi je vous ai dit avec assurance en rentrant que je venais de placer mon frère. »

Mme Perrin était une femme d'une foi vive, d'une piété ardente, comme on en rencontre souvent dans ces natures méridionales. Aussi commença-t-elle à partager la confiance de son fils dès qu'il lui en eut indiqué la source, et elle se contenta de lui répondre : « Tu as bien fait, mon fils, de t'adresser à la sainte Vierge, et nous allons encore tous ensemble l'invoquer pour qu'elle exauce ta prière. »

Puis tous trois se mirent à genoux et récitèrent dévotement la Salutation angélique.

Le lendemain, quand Justin fut présenté à M. Voinelle, il en reçut un accueil fort gracieux. « A la bonne heure ! s'écria le négociant en lui tendant familièrement la main, voilà une figure joufflue qui annonce un gaillard de bon appétit et d'une riche santé. Il est un peu petit, ajouta-t-il en s'adressant à Marcel ; mais enfin, s'il a bon courage et bonne volonté, j'espère que nous en ferons quelque chose. Nous allons le mettre à l'essai, et si je suis content de lui, je n'entends pas, comme vous me le proposiez, qu'il travaille pour rien ; je ne puis encore fixer le chiffre de ses appointements, cela dépendra de ce qu'il sera capable de faire. »

Justin entra aussitôt en fonctions, et, comme sa besogne consistait principalement à aller porter des lettres, des factures ou des échantillons dans différents quartiers de la ville, il était presque toute la journée en courses ; mais il était facile de reconnaître par l'espace qu'il avait à parcourir, et le temps qu'il mettait à faire ses commissions, qu'il ne s'amusait pas en route.

Dès le troisième jour, le patron déclara qu'il lui accordait cinquante centimes fixes par jour, plus une gratification par châque course un peu importante qu'il aurait à faire, gratification qui pourrait élever du double et même davantage son salaire journalier.

C'était sans doute une position bien précaire et bien peu lucrative que celle qu'occupaient les deux frères. Mais à cet âge l'avenir inquiète peu, et le moindre bénéfice qu'ils pouvaient se procurer par leur travail leur paraissait un trésor. Aussi ils étaient heureux, et la santé de Marcel se fortifiait à vue d'œil.

Quand arrivèrent à la gare ces envois de marchandises dont M. Voinelle avait fait à Marcel une sorte d'épouvantail, le patron, que sa goutte laissait reposer ce jour-là, voulut y aller lui-même pour en prendre livraison. Marcel demanda à l'accompagner, ce qu'il obtint sans difficulté. Il suivit avec soin tous les détails de l'opération, qui du reste était très simple et n'offrait rien de bien pénible, si ce n'est pour un homme lourd et replet comme M. Voinelle, obligé de rester debout pendant plusieurs heures de suite, pour assister à la reconnaissance et au chargement de ses marchandises. Pour Marcel, au contraire, ce n'était qu'un jeu, moins fatigant que les courses sur le pavé de

Paris qu'il faisait étant petit clerc d'huissier.

D'ailleurs, c'étaient moins ces courses qui l'avaient rendu malade, que les indignes traitements qu'il avait eu à supporter de la part des autres clercs, le peu de goût ou, pour mieux dire, la répugnance que lui inspirait le travail de l'étude, et par-dessus tout la crainte d'affliger sa mère. Mais à présent il était traité avec égard par son patron, qui se montrait en toute circonstance plein de bienveillance pour lui; il prenait du goût au commerce, dont il commençait à saisir les combinaisons, et déjà il se disait en parodiant, sans s'en douter, le mot du jeune peintre italien : « Et moi aussi, je suis négociant! » A partir de ce jour, il fut chargé d'aller à la gare toutes les fois qu'il arrivait des marchandises. Il s'y rendait ordinairement seul, mais quelquefois aussi avec son frère pour le mettre au courant de ce qu'il avait à faire. D'autres fois Justin restait au bureau; et comme il avait aussi une fort bonne écriture, il le remplaçait parfaitement dans ses fonctions. M. Voinelle était de plus en plus enchanté de ses petits commis, qui, grâce à leur activité et à leur intelligence, faisaient complètement son affaire, selon l'expression de Marcel.

Le 30 septembre, ce fut une grande fête pour les deux frères, lorsqu'à la fin de leur journée ils remirent entre les mains de leur mère la somme de soixante-deux francs soixante-quinze centimes, produit de leurs appointements et de leurs gratifications pendant tout le mois.

Avec quelle tendresse leur bonne mère les embrassa ! Avec quelle reconnaissance ils remercièrent Dieu et la sainte Vierge de leur protection ! Avec quelle ferveur ils leur demandèrent leur bénédiction pour l'avenir !

Ces premiers transports passés, Mme Perrin leur dit : « Mes enfants, voici l'usage que je me propose de faire de votre argent. Je prélèverai trente francs pour m'aider à payer notre terme de loyer du 1er octobre, et le reste je le mettrai à la caisse d'épargne en deux livrets à votre nom chacun.

— Mais, ma bonne mère, répondit Marcel, pourquoi ne pas vous servir de cet argent pour les dépenses du ménage ? cela ferait que vous n'auriez pas besoin de travailler autant que vous le faites pour subvenir à nos besoins, et c'est pour cela précisément que nous tenons, mon frère et moi, à gagner de l'argent.

— Mes enfants, répliqua-t-elle, je connais

parfaitement votre cœur, et je sais que rien ne vous ferait plus de plaisir que de me fournir tout ce dont j'aurais besoin sans qu'il me soit nécessaire de travailler. Mais, mes bons amis, je n'ai pas encore atteint l'âge où il me sera permis de me reposer, et vous, vous n'avez pas encore atteint celui où vous pourrez compter sur un produit régulier de votre travail pour me nourrir et m'entretenir à ne rien faire. Jusque-là je dois travailler autant que mes forces me le permettront, et malheureusement depuis quelque temps elles sont bien affaiblies, et je n'ai pas pu entreprendre autant d'ouvrage que par le passé; sans cela je n'aurais pas même voulu toucher à votre argent pour m'aider à payer le loyer.

— Mais c'est en me soignant pendant ma maladie, reprit Marcel, que vous vous êtes ainsi fatiguée, et vous devriez au moins vous reposer pendant quelque temps.

— Si je me reposais, je perdrais une grande partie de mes pratiques; d'ailleurs, comme je vous l'ai dit, je travaille moins qu'autrefois, et c'est la seule espèce de repos que je puisse me permettre. Si j'étais forcée de cesser tout à coup mon travail, je n'hésiterais pas, mes enfants, à faire appel à votre bon cœur, et vous seriez bien aises alors de trouver dans ce que vous auriez mis en réserve à la caisse d'épargne de quoi soulager votre mère. Cette réserve peut vous être utile à vous-mêmes pour des besoins imprévus, et il faut vous accoutumer de bonne heure à cette sage prévoyance de l'avenir, principale fortune de l'ouvrier. C'est ainsi qu'agissait votre père, et quand les mauvais jours sont venus, quand le travail a manqué partout, nous avons trouvé, dans le dépôt qu'il avait placé à la caisse, de précieuses ressources pour traverser les moments de chômage et de crises, si funestes à tant d'autres. »

Marcel ne fit plus d'objection, et l'argent fut mis à la caisse d'épargne.

A la fin d'octobre, la somme qu'ils remirent à leur mère s'élevait à quatre-vingt-dix francs cinquante centimes. Une partie fut employée par cette mère prévoyante à acheter à ses enfants des vêtements et des chaussures pour l'hiver; le reste alla grossir les deux livrets de la caisse d'épargne.

VI

LES DEUX FRÈRES QUITTENT LA MAISON VOINELLE ET Cie

Dans les derniers jours de novembre, l'associé et le principal commis de M. Voinelle arrivèrent. On annonça aux deux frères que désormais on n'avait plus besoin de leurs services, mais qu'on les garderait encore jusqu'au 15 décembre pour leur donner le temps de se pourvoir ailleurs.

C'était au grand regret de M. Voinelle que cette résolution avait été prise, car il était réellement attaché aux deux frères. Mais M. Brochard, son associé, et le commis, qui avait aussi un intérêt dans la maison, insistèrent pour cette réforme dans le personnel, par la raison, dirent-ils, qu'ils prévoyaient une forte baisse dans la vente des oranges sur la place, et que malheureusement ils se trouvaient chargés d'une forte partie de cette marchandise, qu'ils avaient achetée fort cher à Valence, et qu'ils seraient peut-être forcés de vendre à Paris au-dessous du prix de revient.

M. Voinelle, qui d'ailleurs était pour le moment débarrassé de sa goutte, n'insista pas; seulement il obtint qu'on garderait ses petits protégés quinze jours de plus pour aider à la vente en gros des oranges, qui se fait principalement dans ce moment-là.

Cette résolution consterna Justin et affligea M*me* Perrin. Quoiqu'elle eût dû s'y attendre dès le commencement, puisque telle était la condition de l'admission de Marcel, l'attachement que M. Voinelle avait montré à ses enfants, les témoignages flatteurs qu'il rendait de leur conduite, avaient fini par lui faire espérer que leur position dans cette maison serait plus stable qu'elle ne semblait devoir l'être dans le principe. « J'avais bien raison, mes enfants, leur dit-elle, de vous engager à mettre de côté une partie de votre gain; vous voyez que bientôt vous allez en avoir besoin, puisque dans quelques jours vous serez sans emploi et sans occupation. »

Marcel, qui n'avait point paru aussi alarmé que son frère et sa mère de la décision prise par la maison Voinelle, Brochard et Cie, répondit en souriant aux dernières paroles de sa mère : « Sans emploi, soit ; mais sans occupation, c'est autre chose.

— Et à quoi donc pourrez-vous vous occuper?

— Oh ! ne vous inquiétez pas, bonne mère ; nous trouverons bien, mon frère et moi, une occupation qui nous rapportera autant, si ce n'est plus, que nous gagnions chez M. Voinelle.

— Tu vois toujours, mon pauvre Marcel, l'avenir couleur de rose ; moi je le vois, au contraire, en noir ; mais je ne veux pas chercher à t'ôter tes illusions. Cependant je serais curieuse de savoir ce que tu te proposes de faire.

— Et moi aussi j'en serais curieux, ajouta Justin.

— Je vous le dirai un peu plus tard. J'ai mon idée qui m'occupe jour et nuit ; mais elle n'est pas encore assez mûre pour la mettre à exécution. Quand le moment sera venu, quand surtout j'aurai obtenu l'approbation de ma divine protectrice, comme quand il s'est agi de placer Justin, vous savez? alors je vous ferai part de mon projet ; et si vous, bonne petite mère, vous nous donnez votre consentement, eh bien! Justin et moi nous

M. Brochard et le commis insistèrent pour cette réforme
dans le personnel.

nous mettrons gaiement à l'œuvre, et vous verrez que nous réussirons.

— J'en serai donc aussi, moi? s'écria Justin tout joyeux.

— Comment! si tu en seras! Est-ce que je pourrais me passer de toi? Est-ce que tout n'est pas de moitié entre nous?

— Oh! merci, mon bon frère, merci. »

Et il embrassa Marcel avec effusion.

La mère, heureuse de l'union qui régnait entre ses enfants, les embrassa à son tour tous deux. Elle commençait à avoir confiance dans l'intelligence et dans le caractère ferme et résolu de son aîné. Elle n'insista pas pour connaître son grand projet; mais elle était persuadée d'avance qu'il n'était ni extravagant ni conçu avec légèreté, et l'espérance commença à renaître dans son cœur.

Mme Perrin voulait placer à la caisse d'épargne tout l'argent que ses enfants lui rapportèrent le 30 novembre, et qui se montait à une centaine de francs. Marcel exigea absolument qu'elle prélevât d'abord de quoi s'acheter des vêtements pour elle-même; puis il la pria de garder le reste de l'argent une quinzaine de jours, jusqu'à ce qu'il lui eût fait connaître son projet, parce que, si elle l'approuvait, cet argent serait peut-être nécessaire pour le mettre à exécution.

Enfin le 15 décembre arriva. M. Voinelle

compta aux deux frères une cinquantaine de francs pour leurs appointements, puis il leur dit : « Mes enfants, j'espère que nous nous quittons bons amis ; je n'ai jamais eu à me plaindre de vous, et si les exigences des affaires ne m'y eussent point forcé, nous ne nous serions pas séparés de sitôt ; mais si je puis vous être de quelque utilité à l'avenir, ne m'épargnez pas ; venez me trouver sans crainte, comme on va trouver un ami, et je ferai pour vous tout ce qui dépendra de moi pour vous rendre service. »

Marcel remercia cordialement son patron, et, encouragé par les offres qu'il venait de lui faire, il lui dit : « Eh bien, Monsieur, je vais mettre à l'instant même votre obligeance à l'épreuve : voulez-vous me vendre cette petite caisse d'oranges dont vous demandiez quinze francs à un marchand de la halle, et qui ne vous en donnait que douze? Je vous la payerai le prix que vous en exigiez. » Et en disant ces mots, Marcel prenait quinze francs dans la somme que venait de lui compter M. Voinelle.

« Non, mon ami, reprit affectueusement celui-ci, non, je ne veux pas vous vendre cette caisse, mais je vous la donne. Mon intention était, quand vous seriez venus me voir au premier de l'an (car je comptais bien sur votre visite), de vous offrir des étrennes : eh bien, puisque cette petite caisse d'oranges peut vous faire plaisir, acceptez-la à titre d'étrennes. »

Marcel accepta le cadeau avec reconnaissance, et, après avoir fait signe à son frère de l'aider, tous les deux emportèrent la caisse.

« Que veux-tu donc faire de tant d'oranges? disait Justin en regagnant leur logis : est-ce pour en faire des cadeaux à tous nos amis et connaissances au premier de l'an? ou bien as-tu résolu de nous condamner à l'orangeade à perpétuité?

— Va toujours, je te répondrai quand nous serons auprès de notre bonne mère. »

VII

LE PROJET DE MARCEL

Mᵐᵉ Perrin ne fut pas moins intriguée que ne l'avait été Justin en voyant cette caisse, et en apprenant comment elle était devenue la propriété de ses fils.

Marcel s'empressa de prévenir les questions qui déjà se pressaient sur les lèvres de sa mère en lui disant : « Le moment est venu, bonne mère, de vous faire part du projet dont je vous ai parlé il y a quelque temps. Voici de quoi il s'agit :

« Vous savez que c'est dans deux ou trois jours que s'ouvre la foire aux Étrennes, et que, pendant le temps qu'elle dure, tout le monde peut se mettre marchand sur la voie publique sans avoir besoin d'une autorisation, comme dans le reste de l'année. Depuis longtemps je me sens un goût décidé, une véritable vocation pour le commerce, et j'ai résolu de profiter de cette circonstance pour faire mon coup d'essai...

— Ah! j'y suis, interrompit la mère en riant, et pour ton coup d'essai tu veux te mettre marchand d'oranges.

— Je ne tiens pas plus à vendre des oranges qu'autre chose; mais voici le calcul que j'ai fait. Les oranges sont un des articles qui se vendent le plus à cette époque, et c'est celui dont je connais le mieux le commerce actuellement; car pendant mon séjour chez M. Voinelle j'en ai appris tous les détails. Ainsi je sais quels sont les lieux de provenance de ces fruits, les prix qu'ils coûtent dans les pays de production, les diverses sortes par lesquelles on les distingue dans le commerce : comme *extra-belles*, *passe-belles*, *ordinaires*, *mignonnettes*, etc. Je sais que les belles sortes de Valence, quoique coûtant plus cher que les oranges d'Hyères et de Provence, sont plus avantageuses pour la vente; enfin je sais à quel prix et à quelles conditions les marchands en gros, comme M. Voinelle, les vendent aux marchands en demi-gros et aux marchands de la halle, qui en approvisionnent à leur tour les petits revendeurs qui les débitent au détail. Maintenant j'espère, et je puis dire que j'ai la certitude que M. Voinelle ne me vendra pas plus cher ses oranges qu'aux marchands de demi-gros; alors je pourrai moi-même les revendre soit à meilleur marché que les autres détaillants, et alors je vendrai bien davantage, soit au même prix, et dans ce cas mes bénéfices seront plus considérables. Ainsi, pendant le temps de la foire, je me propose d'organiser un étalage où, avec l'aide de mon frère, nous pourrons réaliser d'assez jolis bénéfices.

— Oh! c'est charmant, s'écria Justin, et tes combinaisons ne peuvent manquer de réussir; mais alors pourquoi ne pas acheter tout de suite une ou deux de ces grosses caisses de quarante à cinquante francs, puisque nous pouvons les payer avec l'argent que nous avons reçu aujourd'hui et avec celui du mois dernier que tu as prié maman de garder? N'était-ce pas pour cela que tu l'avais conservé?

— Patience, Justin, répondit le prudent Marcel, il ne faut pas aller si vite. Nous allons commencer notre commerce le plus modestement possible, rien qu'avec la caisse que nous a donnée M. Voinelle. Ce sera notre ballon d'essai. Demain nous irons choisir un emplacement convenable sur le boulevard, le plus près que nous pourrons d'ici, afin de ne pas avoir une trop longue course à faire pour porter et rapporter nos marchandises. Si nous vendons bien et rapidement cette première fourniture, avec ce qu'elle nous aura produit, et en y ajoutant quelque argent de celui que nous venons de toucher, nous nous procurerons d'autres marchandises de qualité supérieure. Si nous ne réussissons pas, nous n'aurons pas exposé beaucoup, puisque notre premier fonds de commerce ne représentera qu'une valeur de quinze francs, et encore dont on nous a fait cadeau. Dans tous les cas, et surtout dans les commencements, nous ne renouvellerons nos marchandises qu'avec l'argent des marchandises écoulées, et nous ne toucherons que le moins possible, et seulement dans le cas d'un bénéfice certain, à nos fonds de la caisse d'épargne et à l'argent que maman garde en réserve. Rappelle-toi, mon cher Justin, ce que j'ai souvent entendu dire à notre ancien patron, qu'en affaires de commerce on ne saurait jamais être trop prudent, et qu'il ne faut jamais faire de spéculation qui puisse vous entraîner à des dépenses au delà de vos ressources. »

Mme Perrin, qui était douée de beaucoup de bon sens naturel, écoutait son fils avec une vive satisfaction. Elle était heureuse et

Oranger.

fière de l'entendre parler avec une raison et une prudence au-dessus de son âge. Elle donna, comme on le pense bien, toute son approbation au projet, et dès le lendemain on s'occupa des moyens d'exécution.

Justin aurait bien désiré qu'on fît faire une petite baraque en planches comme celles de la plupart des autres marchands; mais Marcel s'y opposa, en lui faisant observer que c'était une dépense tout à fait superflue, surtout dans les commencements.

« Mais s'il vient à tomber de la pluie ou de la neige? objecta son frère.

— Un parapluie nous suffira, répondit Marcel; et si le temps devient trop mauvais, nous organiserons une tente en toile cirée qui suffira pour nous mettre à l'abri. Je sais déjà où je pourrai me procurer cette toile. »

Enfin, le jour de l'ouverture de la foire, les deux frères s'installèrent sur le boulevard Saint-Martin, à l'endroit où nous les avons vus au commencement de cette histoire.

Il faisait un temps brumeux et froid. Le pauvre Justin grelottait et soufflait souvent dans ses doigts en rangeant par petits tas les oranges sur la table. Marcel souffrait bien aussi du froid, mais il le supportait mieux que son frère et ne cessait de l'encourager par des paroles bienveillantes.

Il y avait ce jour-là peu de monde sur les boulevards, c'est-à-dire comparativement aux autres jours, car il y a toujours foule; seulement, au lieu d'être compacte et de marcher lentement, cette foule courait à ses affaires et ne s'arrêtait pas à regarder les boutiques, d'ailleurs encore peu nombreuses et peu fournies.

Plusieurs autres marchands d'oranges s'étaient établis non loin des deux frères et les menaçaient d'une rude concurrence. Aucun passant ne s'était encore arrêté auprès de ceux-ci, tandis que leurs voisins, soit qu'ils fussent mieux placés, soit que leur marchandise fût plus belle, soit enfin que leurs cris assourdissants eussent le privilège de forcer l'attention, avaient réussi à faire quelques ventes peu importantes sans doute, mais que les deux frères ne pouvaient néanmoins s'empêcher de regarder d'un œil d'envie.

Enfin aucun acheteur ne s'était encore présenté, lorsque vers dix heures du soir une espèce de rafale s'éleva, renversa quelques étalages trop légers, et éteignit une partie des lanternes et des chandelles qui les éclairaient. Une neige fine et pénétrante fouettait le visage des passants attardés, qui se hâtaient, en doublant le pas, de regagner leur domicile ou un abri quelconque. Marcel jugea qu'il était inutile de rester plus longtemps; il s'empressa de *fermer boutique*, et les deux frères rentrèrent au logis sans avoir étrenné.

Ce début n'était pas brillant. Bien des hommes faits en eussent été découragés, et il n'est pas étonnant que le pauvre petit Justin en fût tout abattu. Il raconta en pleurant leur mésaventure à sa mère, pendant que Marcel rangeait leurs marchandises et leur table dans une chambre voisine.

La mère réchauffait son enfant dans ses bras, et tâchait de le consoler par de douces paroles, quand Marcel rentra. Son visage, quoique moins gai que d'habitude, avait encore le sourire de l'espérance; la déconvenue qu'il venait d'éprouver l'avait contrarié sans doute, mais n'avait abattu ni son courage, ni sa fermeté, ni sa résolution. « Mon bon Justin, dit-il à son frère, ne te désole pas ainsi; si nous n'avons pas réussi aujourd'hui, nous serons plus heureux une autre fois. D'ailleurs, c'est le mauvais temps qui a été cause de notre peu de succès; aussi demain, s'il continue, nous ne retournerons pas sur le boulevard, ou bien j'irai seul.

— Non pas, non pas, reprit Justin avec vivacité; si tu y vas, j'irai. Je souffrirais plus ici au coin du feu en te sachant seul là-bas, que je ne souffrirai auprès de toi.

— Bien, mon ami, répondit Marcel en l'embrassant; ne t'abandonne pas au découragement, et je te garantis que nous réussirons. Prions Dieu de nous aider, invoquons sa sainte Mère, dont nous avons déjà éprouvé la protection, et couchons-nous. »

Le lendemain, le temps était plus calme; la journée promettait d'être belle. Les deux enfants reprirent leur gaieté, et Justin avait honte de sa faiblesse de la veille. Marcel rêvait aux moyens d'attirer les chalands, et c'est alors qu'il imagina de suspendre à côté de ses deux lanternes vénitiennes l'écriteau : *Aux deux petits Frères provençaux.*

Cette idée leur porta bonheur. A peine étaient-ils installés, à peine l'écriteau se balançait-il à la clarté du gaz et des lanternes, qu'un monsieur et une dame, accompagnés d'un petit garçon d'une douzaine d'années et d'une petite fille de dix ans, s'arrêtèrent devant l'étalage. La dame fit remarquer à son mari la figure intelligente des deux frères, et presque aussitôt elle leur adressa la parole dans cette belle langue provençale que nous appelons aujourd'hui un patois, et qui avait ses poètes et ses écrivains quand le français n'était encore, pour ainsi dire, qu'un jargon barbare.

Quoique habitant Paris dès leur enfance, les deux frères, ainsi que nous l'avons déjà remarqué, avaient conservé auprès de leur mère l'habitude de l'idiome natal. Marcel surtout s'exprimait en provençal avec une aisance remarquable. La dame fut enchantée de ses réponses, et de trouver dans ces deux enfants des compatriotes; car elle était de Tarascon. Après quelques minutes de conversation, elle ne voulut pas les quitter sans leur acheter quelques oranges : elle leur en prit une douzaine à quinze centimes la pièce.

On sait combien il faut peu de chose à Paris pour arrêter la foule. Quelques personnes, en entendant cette belle dame causer avec ces enfants dans une langue étrangère, avaient fait cercle autour de la table et en avaient attiré d'autres; bientôt une nombreuse réunion stationne devant leur étalage, et les remarques les plus bizarres se font entendre dans ces groupes. « Ce sont probablement, disait l'un, des parents du restaurateur du Palais-Royal. — Croyez ça, disait un autre, que des cousins du restaurateur viendraient croquer le marmot sur le boulevard pour vendre de méchantes oranges! car elles ne sont pas belles, leurs oranges, et ce ne sont pas certainement des valences. — C'est-y vrai, demanda un gamin à Marcel, que ce ne sont pas des valences? — Non, répondit tranquillement Marcel, ce sont des oranges d'Hyères. — Oh! bien moi, répondit le gamin, je n'aime que les oranges d'aujourd'hui. » Et, enchanté de son méchant calembour, il s'en alla en riant. Un bon bourgeois du Marais fit remarquer à *son épouse* qu'Hyères était une petite ville de Provence où l'on récoltait beaucoup d'oranges, et que probablement les deux frères en arrivaient avec une provision de fruits de leur pays. « En ce cas, répondit la dame, elles doivent être tout à fait *naturelles*. — Certainement, repartit le bourgeois. — Alors, reprit la dame, achète-m'en une demi-douzaine. Tout ce qu'on vend à Paris est tellement falsifié, que je ne serais pas fâchée d'être sûre au moins de manger quelque chose de naturel. » Et le mari complaisant acheta la demi-douzaine d'oranges.

La vente continua ainsi lentement, par intermittence et par petites quantités, de sorte qu'à la fin de la journée ils n'avaient vendu que six douzaines en tout.

Ce résultat n'était pas magnifique; mais

il était suffisant pour donner bonne espérance. Aussi cette fois Justin rentra gaiement, remit à sa mère les dix francs quatre-vingts centimes de la recette, et lui dit en l'embrassant : « Chère maman, nous voilà déguignonnés ; mon frère avait raison, je crois cette fois que nous réussirons. »

Le jour suivant tout le restant de la caisse était enlevé avant neuf heures du soir, et, au grand regret de Marcel, ils manquèrent une heure et demie de bonne vente faute de marchandises.

Une nombreuse réunion stationna devant leur étalage.

VIII

SUCCÈS DU PROJET DE MARCEL

Le pas le plus difficile venait d'être franchi, et le succès leur paraissait désormais assuré.

Marcel alla de bonne heure, le lendemain matin, trouver son ancien patron. Il lui raconta le parti qu'il avait tiré de la caisse d'oranges dont il leur avait fait cadeau pour leurs étrennes, lui parla de ses espérances pour l'avenir, et lui demanda s'il voulait seconder leurs efforts en leur vendant au comptant, et au prix du demi-gros, les oranges qu'ils débiteraient pendant la foire.

M. Voinelle avait écouté avec attention et intérêt le récit de Marcel. Il avait reconnu dans sa persévérance, et dans les moyens qu'il avait employés pour triompher des obstacles, une véritable vocation commerciale. Il résolut donc d'encourager de tout son pouvoir de si heureuses dispositions, et accueillit favorablement la demande de Marcel en y ajoutant quelques conseils.

« Je veux bien, lui dit-il, quoique nous n'ayons pas l'habitude de vendre moins de dix caisses à la fois, vous en céder une, deux ou trois, selon vos besoins et au prix que je les vends aux marchands en demi-gros. Mais au lieu de prendre des fruits ordinaires d'Hyères à 15, 18 ou 20 fr. la caisse, je vous engage à acheter du beau fruit de Valence de 50 à 60 fr. En voici la raison : vous aurez chez nous pour ce prix tout ce qu'il y a de mieux; vous pourrez le vendre au même prix que vos concurrents voisins vendent le leur, qui est de qualité inférieure, et cependant réaliser le même bénéfice qu'eux, parce qu'ils ne l'ont que de seconde et même de troisième main. Rappelez-vous que dans ce moment-ci, et jusque vers le 15 janvier, la consommation des oranges à Paris est énorme; les fruits les plus beaux et les plus chers sont plus recherchés et se placent plus facilement dans ce temps-là que les fruits à bon marché et de qualité inférieure. C'est donc une vente forcée dont il faut savoir profiter. »

Marcel remercia son patron, et suivit ses conseils. Il acheta une caisse de valences de 60 fr., qu'il vendit presque en entier dans sa soirée.

C'est alors qu'il imagina, pour attirer encore les chalands, de chanter avec son frère, sur un gracieux air provençal que leur avait appris leur mère, le couplet que nous avons rapporté en commençant.

Le succès dépassa leurs espérances. Dans les cinq bons jours de vente du 30 décembre au 3 janvier, ils écoulèrent deux, trois et jusqu'à quatre caisses en un jour.

Enfin, quand la foire fut terminée, ils se trouvèrent, après défalcation de tous les frais, avec un bénéfice net de 845 fr. et quelques centimes.

M. Voinelle, qui avait suivi avec le plus vif intérêt les opérations des deux frères, quand il connut cet heureux résultat, s'applaudit d'y avoir contribué par ses conseils et en leur donnant les facilités de réussir. Il ne voulut pas en rester là, et il songea aux moyens de leur être encore plus utile pour l'avenir. C'est ainsi que la bonne conduite et le travail encouragent toujours les protecteurs.

M. Brochard, qui entrait dans les vues de son associé, voulait d'abord qu'on fît rentrer Marcel comme commis dans leur maison, aux appointements de 1,200 fr. « Non, non, dit M. Voinelle, Marcel a mis le pied à l'étrier, il est en état de marcher lui-même; j'ai autre chose à lui proposer. » Alors il lui expliqua son projet, et M. Brochard l'approuva complètement. Voici de quoi il s'agissait :

Le principal magasin de M. Voinelle avait deux entrées sur la rue; mais l'une était condamnée depuis longtemps, et l'autre seule s'ouvrait pour l'entrée et la sortie des marchandises. Il s'agissait de prendre, derrière la porte habituellement fermée, un petit espace que l'on disposerait en boutique, avec comptoir et rayons, de transformer la porte en devanture de boutique, et d'installer dans ce local les deux frères Perrin avec un petit assortiment de marchandises payées avec l'argent qu'ils avaient gagné pendant la foire. Les avances à faire pour l'appropriation du local seraient faites par la maison Voinelle et Cie, qui se couvrirait de cette dépense au moyen d'annuités payées avec le prix du loyer. La rue du Temple, dans la partie qu'ils habitaient, devait offrir des avantages certains à un commerce de détail du genre de celui qu'entreprendraient les deux frères, et s'ils continuaient à montrer la même intelligence et la même conduite, ils ne pouvaient manquer de réussir. Enfin ils seraient sous les yeux de leurs protecteurs, qui continueraient à veiller sur eux et à les éclairer de leur conseils.

Quand M. Voinelle fit part à Mme Perrin et à ses deux fils de ses propositions, des larmes de reconnaissance coulèrent des yeux de la mère, et sa bouche ne put articuler une parole; un rayonnement de joie illumina la figure de Justin, qui regardait tour à tour en riant et sa mère et son frère; Marcel, non moins ému que sa mère, non moins joyeux que son frère, s'écria en saisissant la main de M. Voinelle, qu'il serra avec effusion : « Voilà le rêve que depuis longtemps mon esprit avait formé! Merci, Monsieur, merci de l'avoir réalisé plus tôt que je ne l'espérais. »

Les arrangements furent bientôt terminés. Mme Perrin signa les engagements au nom de ses fils mineurs. Marcel voulut que sa mère quittât son métier pénible de blanchisseuse; et comme elle résistait en disant qu'elle ne voulait pas rester sans rien faire :

« Eh bien, bonne mère, lui dit-il, vous nous aiderez à la vente, et vous resterez assise dans le comptoir; ce sera moins fatigant que de tenir toujours à la main votre fer à repasser et de respirer l'odeur du charbon. Vous serez ainsi notre associée, ou plutôt... ah! quelle bêtise je disais! vous serez notre chef de maison, et nous prendrons pour raison sociale : Veuve Perrin et ses fils... Voyez-vous comme cela fera bien en tête d'une facture?

— Et quelle enseigne prendrons-nous? demanda Justin.

— Peux-tu le demander? toujours la même : « Aux petits Frères provençaux.» Elle nous a trop bien réussi pour vouloir la changer. »

Un mois après ils étaient installés dans leur boutique.

Jusqu'ici, et il y a près de quatre ans que les événements que nous venons de raconter se sont accomplis, les deux frères ont pleinement réalisé les espérances qu'ils avaient fait concevoir d'eux à leurs protecteurs.

L'établissement des petits Frères provençaux s'est considérablement agrandi, et de plus il est en pleine voie de prospérité.

Cela n'a rien d'étonnant : quand des enfants sont pieux, intelligents, probes, actifs, ils ne peuvent manquer de réussir. Mme Perrin est aujourd'hui la plus heureuse des mères.

FIN

TABLE

I. — La foire aux étrennes 7
II. — L'ouvrier charpentier. 14
III. — Portrait des deux frères 20
IV. — M. Voinelle, de la maison Voinelle, Brochard et Cie 26
V. — Marcel place son frère 33
VI. — Les deux frères quittent la maison Voinelle et Cie 42
VII. — Le projet de Marcel. 49
VIII. — Le succès du projet de Marcel. 62

Original en couleur
NF Z 43-120-8

www.ingramcontent.com/pod-product-compliance
Lightning Source LLC
LaVergne TN
LVHW051510090426
835512LV00010B/2458